STEFAN WIERTZ
DIE ULTIMATIVE
STUDENTEN
KÜCHE

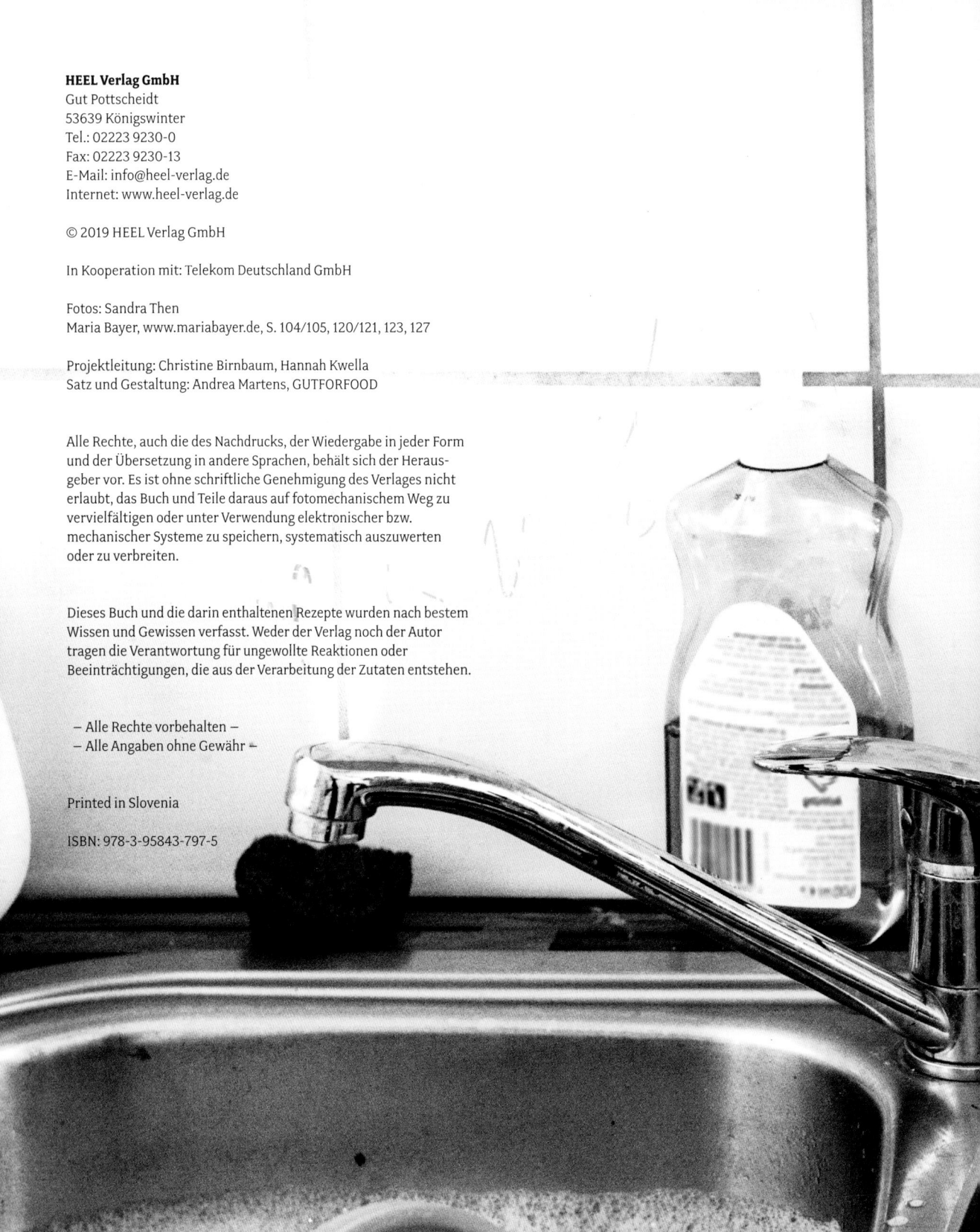

HEEL Verlag GmbH
Gut Pottscheidt
53639 Königswinter
Tel.: 02223 9230-0
Fax: 02223 9230-13
E-Mail: info@heel-verlag.de
Internet: www.heel-verlag.de

© 2019 HEEL Verlag GmbH

In Kooperation mit: Telekom Deutschland GmbH

Fotos: Sandra Then
Maria Bayer, www.mariabayer.de, S. 104/105, 120/121, 123, 127

Projektleitung: Christine Birnbaum, Hannah Kwella
Satz und Gestaltung: Andrea Martens, GUTFORFOOD

Printed in Slovenia

ISBN: 978-3-95843-797-5

STEFAN WIERTZ

DIE ULTIMATIVE

STUDENTEN

KÜCHE

HEEL

INHALT

BOWLS

AUS DER HAND

SPIESSE

PFANNENGERICHTE

BURGER

AUFLÄUFE

CAMPUS COOKING

BOWLS

LIGURISCHE GNOCCHI-BOWL

ZUTATEN

300 g	Gnocchi
100 g	Staudensellerie
100 g	Fenchel
1 TL	Knoblauch, gehackt
10	Cocktailtomaten
5	Thymianzweige, frisch gezupft
	Olivenöl
	Fenchelsalz
	weißer Pfeffer
200 g	frischer junger Spinat

ZUBEREITUNG

Die Gnocchi in der Pfanne ca. 5 Minuten bei mittlerer
Hitze anbraten und anschließend beiseitestellen.
Den Staudensellerie und den Fenchel würfeln.
Mit den restlichen Zutaten, bis auf den Spinat, in eine
Pfanne geben und kurz glasieren. Beim Anrichten die
Gnocchi und den Spinat unter die Gemüsemasse heben.

SUPERFOOD-TOPPING

100 g frische Erdbeeren
1 EL Minze
1 TL grüner Pfeffer aus der Lake
2 EL Frühlingszwiebelringe
1 TL Ingwer, gerieben
1 Spritzer Zitronensaft
Salz, Olivenöl

Die Erdbeeren kleinschneiden. Die Minze
hacken und die Pfefferkörner zerdrücken.
Alles in eine Schüssel geben und mit den
restlichen Zutaten vermengen. Als
Topping verwenden.

EIWEISS-KICK

Als Eiweiß-Komponente kann hier
ebenfalls der gegrillte Lachs zubereitet
werden (siehe S. 16).

Die Erdbeere gehört zu einer Unterfamilie der Rosengewächse. Sie ist eine kalorienarme, süße Frucht und hat einen höheren Vitamin-C-Gehalt als Orangen oder Zitronen. Eine 200 g Schale frischer Erdbeeren deckt den Vitamin-C-Tagesbedarf eines Erwachsenen. Also ran an die süße Versuchung aus heimischem Anbau!

SWEET POTATO-BOWL

Für 4 Portionen

ZUTATEN

300 g	Süßkartoffeln
	Salz
	Curry
1	Zitrone, Abrieb
50 g	Staudensellerie
2	Zwiebeln
100 g	frische Ananas
50 g	Kichererbsen, gekocht
	Rapsöl
	Zucker

ZUBEREITUNG

Die Süßkartoffeln gut waschen, ungeschält in Würfel schneiden und bissfest kochen. Anschließend kurz in einer Pfanne anbraten und mit Salz und Curry abschmecken. Die Zitrone ebenfalls waschen und mit dem Abrieb die Süßkartoffeln verfeinern.
Den Staudensellerie, die Zwiebeln und die Ananas grob würfeln und zusammen mit den Kichererbsen in etwas Rapsöl glasieren. Mit Salz und Zucker abschmecken und mit den Kartoffelwürfeln vermengen.

SUPERFOOD-TOPPING

100 g Blattpetersilie
1 Zitrone, Abrieb und 1 TL Saft
1 EL Olivenöl
Salz

Die Blattpetersilie grob hacken und mit den restlichen Zutaten vermengen. Als Topping über die Bowl geben.

EIWEISS-KICK

600 g Kalbsnacken
100 g Apfelmus
3 EL Knoblauch, gehackt
Salz, Pfeffer, Kümmel

Den Kalbsnacken in einer Pfanne rundum anbraten und mit dem Apfelmus und dem Knoblauch in einen Bräter geben. Salzen, pfeffern und mit etwas Kümmel abschmecken. Anschließend den Bräter in den Ofen schieben und das Fleisch über Nacht bei 85 °C saftig schmoren lassen. Zum Servieren das Fleisch frisch zupfen.

SWEET CHICKEN-BOWL

ZUTATEN

250 g	Hähnchenbrust
	Erdnussöl
8	Frühlingszwiebeln
1	Mango
1 TL	brauner Zucker
125 ml	Mango- oder Orangensaft
1 Bund	Basilikum

Für 4 Portionen

ZUBEREITUNG

Die Hähnchenbrust in fingerdicke Streifen schneiden und im heißen Erdnussöl rundum anbraten. Die Frühlingszwiebeln kleinschneiden, die Mango grob würfeln und beides in einer Pfanne mit dem Zucker karamellisieren lassen. Den Mango- oder Orangensaft dazugeben und für ca. 7 Minuten reduzieren lassen. Zuletzt Basilikum zupfen, über das Sweet Chicken geben und mit Salz und Pfeffer abschmecken. Sweet Chicken kann sowohl mit Farfalle als auch mit Kartofelpüree zubereitet werden. Je nach Gusto eignen sich auch Reis, gebratene Nudeln oder Gnocchi.
Das Gericht im Anschluss in einer Bowl servieren und nach Wunsch anrichten.

BUDDHAS ASIA-BOWL

Für 4 Portionen

ZUTATEN

300 g	chinesische Eiernudeln
1 EL	Knoblauch, gehackt
100 ml	Sesamöl, geröstet, dunkel
100 ml	Sojasauce
50 g	Karotten
50 g	Sellerie
50 g	Frühlingszwiebeln
50 g	frische Ananas
5 g	Rosinen
5 g	Ingwer, gehackt
	Sesamöl, hell
	Salz
	Pfeffer
	Zucker

SUPERFOOD-TOPPING

3 g Ingwer
Frittieröl
Salz, Zucker

Den Ingwer in Scheiben schneiden und in
geeignetem Frittieröl kross frittieren. Den
Ingwer anschließend etwas salzen und
zuckern und als Topping verwenden.

EIWEISS-KICK

400 g Hähnchenstreifen
1 TL Knoblauch, gehackt
4 EL Erdnusssauce
2 EL Erdnüsse, gesalzen und geschrotet
Salz, Pfeffer, Chili

Die Hähnchenstreifen anbraten, bis sie
goldbraun und noch saftig sind. Den
Knoblauch mit dem noch heißen Hähnchen
und den restlichen Zutaten vermengen.

ZUBEREITUNG

Die chinesischen Nudeln kochen. Den Knoblauch
währenddessen zusammen mit dem gerösteten,
dunklen Sesamöl und der Sojasauce vermengen.
In einer Pfanne bei mittlerer Hitze einige Minuten
glasieren. Die Karotten und den Sellerie stifteln,
die Frühlingszwiebeln in feine Ringe schneiden und
die Ananas würfeln. Zum Schluss alle Zutaten miteinander mischen und mit je einer Prise Salz, Pfeffer und
Zucker würzen.

QUINOA QUEST

ZUTATEN

Für 4 Portionen

300 g	Quinoa
50 g	Datteln ohne Kern
½ TL	frischer Ingwer, gerieben
50 g	kleine Bohnen aus der Dose (z. B. schwarze oder Kidneybohnen)
50 g	Mais aus der Dose
	Salz
	Ras el Hanout
	Sesamöl
2	Tomaten
¼	Salatgurke
1	Frühlingszwiebel
20 g	Blattpetersilie
20 g	Minze
10 g	Koriander
1 EL	Zitronensaft
2 EL	Olivenöl
	Pfeffer

ZUBEREITUNG

Die Quinoa nach Packungsangabe zubereiten und dann kurz in einer Pfanne anbraten. Beiseitestellen.
Die Datteln fein stifteln mit dem Ingwer, den Bohnen, dem Mais, etwas Salz und Ras el Hanout in einer Pfanne mit Sesamöl glasieren. Ebenfalls beiseitestellen.
Die Tomaten und die Salatgurke würfeln. Die Frühlingszwiebel in feine Ringe schneiden und die Blattpetersilie, die Minze und den Koriander hacken. Sämtliche Zutaten in eine Schüssel geben und mit dem Zitronensaft, dem Olivenöl und etwas Salz und Pfeffer vermengen.

SUPERFOOD-TOPPING

100 g grobe Mandelstifte
1 TL Zwiebeln, gewürfelt
1 TL frischer Knoblauch, gewürfelt
Salz

Die Mandelstifte in einer Pfanne trocken rösten. Hernach die restlichen Zutaten dazugeben und mitrösten lassen. Als Topping verwenden.

EIWEISS-KICK

400 g frischer Lachs ohne Haut
1 EL frischer Ingwer, gerieben
2 EL geröstetes Sesamöl
2 EL heller Sesam
2 EL schwarzer Sesam

Den Lachs auf Pergamentpapier legen. Den Ingwer mit dem Öl und den beiden Sesamsorten vermengen. Danach den Lachs mit der Sauce bestreichen und mit dem Pergament auf einem Rost bei 175 °C im Ofen mindestens 15 Minuten kross grillen.

MEIN TIPP:

Die Quinoa mit heißer Gemüsebrühe übergießen und gut verrühren. Danach abgedeckt über Nacht stehen lassen. Am nächsten Tag mit einem feinen Strahl guten Olivenöls locker vermengen und anschließend verwenden.

Die Mandel enthält eine hohe Dosis an Magnesium und Calcium. Die basische Steinfrucht wirkt probiotisch und liefert gerade Hirnakrobaten wertvolle Energie. Sie sollte somit in keinem Studentenfutter fehlen!

AUS DER HAND

Krosse Kartoffelwedges

MIT GEGRILLTEN BIRNENSPALTEN UND HALLOUMI

FÜR 4 PORTIONEN

ZUTATEN

300 g	Kartoffeln mit Schale
2 EL	Olivenöl
1 TL	Rosmarin, frisch gezupft
	Salz
1 Prise	brauner Zucker
4	Birnen
1 TL	Honig
1 TL	Thymian, frisch gezupft
2 Stück	Halloumi
150 g	Naturjoghurt
1	Bio-Zitrone, Saft und Abrieb davon
1 TL	Honig
5	Minzstängel, Blätter abgezupft und feinst geschnitten
	Salz und weißer Pfeffer

ZUBEREITUNG

Die Kartoffeln mit Schale bissfest kochen und in längliche Kartoffelspalten schneiden. Mit etwas Olivenöl, dem gezupften frischen Rosmarin, etwas Salz und einer Prise braunem Zucker in eine Auflaufform geben und alles vermischen. Anschließend in den vorgeheizten Backofen schieben und auf Grillstufe 185 °C ca. 10 Minuten kross ausbacken. Die Birnen achteln und entkernen und in einer Marinade aus 1 EL Olivenöl, dem Honig, dem Thymian und etwas Salz ca. 10 Minuten ziehen lassen. Im Anschluss die Birnen auf dem heißen Grill kurz anbraten, damit sie ein schönes Branding bekommen. Den Halloumi in fingerdicke Sticks schneiden und in der restlichen Birnenmarinade wenden.

Direkt auf den Grill geben und unter stetigem Wenden kross grillen. Währenddessen die Sauce anrühren. Dazu den Joghurt mit den restlichen Zutaten vermengen. Ist der Halloumi schön gebräunt, kleinschneiden und gemischt mit den Birnen und den Kartoffelspalten in einer Papiertüte servieren. Die Sauce dazu reichen.

AUS DER HAND

Gegrillter Wrap

MIT AVOCADO, LACHS UND GARNELEN

ZUTATEN

4	Tortilla-Fladen (gerne auch mit Curry o. ä. aromatisierte Variationen)
6 EL	Aioli
½ Kopf	Eisbergsalat
2	Avocados
400 g	rohes Lachsfilet o. Haut; in feinen Scheiben
400 g	Garnelen, in Öl oder Marinade
	Salz
	Cayennepfeffer

ZUBEREITUNG

Den Eisbergsalat in feine Stifte und die Avocado in Scheiben schneiden. Den Wrap in der Zutatenfolge belegen und anschließend fest zusammenrollen. Direkt umseitig ca. 10 Min. auf dem heißen Grill rösten. Bei roher Einlage geht man in der Regel von einer Garzeit von 7–10 Minuten aus, damit der Fisch schön durch ist.

Ein paar Spritzer frischen Zitronensafts runden den Geschmack zur Gänze ab.

MEIN TIPP:
Zu diesem Wrap kann man sehr
gut frittierten Ingwer und
Knoblauch reichen.

MEIN TIPP:

Die fertige Falafel-Mischung kann man nach Geschmack noch mit etwas Curry und ein wenig braunem Zucker verfeinern. Ich persönlich verwende auch gern eine Prise Ras El Hanout dazu! Besonders schmackhafte Falafel-Mischungen findet man übrigens in Basic-Filialen.

Falafel-Döner

MIT ZITRONEN-THYMIAN-HUMMUS

ZUTATEN

2	Packungen fertige Falafel-Mischung
	Rapsöl
1 Dose	abgetropfte Kichererbsen
3 EL	Olivenöl
1	Bio-Zitrone, Abrieb und Saft
1 Bund	Thymian, frisch gezupft
	etwas Salz
1	Fladenbrot
	Sprossen (z. B. Sojasprossen)
2 Bund	Rucola
½	Salatgurke

ZUBEREITUNG

Die Falafel-Mischung nach Anleitung zubereiten und die Falafelbällchen im Topf in ausreichend Rapsöl kross ausbacken. Für das Hummus die Kichererbsen, das Olivenöl, den Zitronensaft und -abrieb, den Thymian und etwas Salz zu einer fluffigen Masse pürieren. Im Anschluss das Fladenbrot vierteln und auf dem Grill kurz anrösten. Danach aufschneiden, mit Hummus bestreichen und mit den Falafelbällchen belegen. Die Sprossen dazugeben und den vegetarischen Döner mit einem Klecks Joghurt abrunden.

Je nach Gusto kann man außerdem 2 Bund gezupften Rucola und ½, in kleine Würfel geschnittene Salatgurke mit ins Fladenbrot geben.

MEIN TIPP:
Etwas heißes Knoblauchöl über das
gefüllte Fladenbrot träufeln, das gibt
dem Gericht eine köstliche Würze!

PARTY-
REZEPT
FÜR 10

Very Veggie Hot Dog

MEIN TIPP:
100 g geschrotete Wasabinüsse als knuspriges Topping dem Hot Dog hinzufügen.

ZUTATEN

20	junge Karotten, geschält mit etwas Grün
5 EL	grüne Currypaste
1 EL	Sesamöl
400 g	frisch gestifteltes Wokgemüse (Weißkohl, Zwiebeln, Bambus-sprossenstreifen, Frühlings-zwiebeln)
2 EL	Ketjap Manis
1 EL	Terriyakisauce
1	Limette, Saft
	Salz
10	Hot Dog-Brötchen
10 EL	Erdnussbutter

ZUBEREITUNG

Die Karotten in kochendem Wasser ca. 5 Minuten blanchieren und dann abgetropft in einen wieder-verschließbaren Plastikbeutel geben. Die Currypaste und das Sesamöl in einer Schüssel zu einer Marinade vermengen. Falls die Konsistenz zu fest ist, ein wenig Wasser hineintröpfeln, bis sich die Zutaten sämig verrühren lassen. Die Marinade zu den Karotten geben und den Beutel luftdicht verschließen.

Die Karotten am besten über Nacht im Kühlschrank marinieren lassen und am nächsten Tag ohne Beutel in der Mikrowelle erhitzen.

Das Wokgemüse, Ketjap Manis, die Terriyakisauce und den Limettensaft zusammen mit etwas Salz ca. 7 Minu-ten in einem Wok garen. Die Brötchen währenddessen im Backofen aufwärmen, anschließend aufschneiden und mit je 1 EL der Erdnussbutter bestreichen. Ein bis zwei Karotten in die Brötchen legen und das Wok-gemüse darübergeben. Direkt servieren.

Bavarian Hot Dog

MIT AVOCADO, LACHS UND GARNELEN

getrockneter ... und mit frisch gezupfter Blatt-petersilie ergänzt werden.

ZUTATEN

PARTY-REZEPT FÜR 10

400 g	Wirsing
1	Gemüsezwiebel
3 EL	Griebenschmalz
	Salz
	brauner Zucker
	Muskatnuss
4	Äpfel
1	Zitrone, Abrieb und Saft
10	Hot Dog-Brötchen
10	Rostbratwürste
1 Glas	Mango-Senf
80 g	Majoran, frisch gezupft

ZUBEREITUNG

Den Wirsing in feine Stifte schneiden und die Gemüsezwiebel hacken. Das Griebenschmalz in einem Topf erhitzen und den Wirsing sowie die Zwiebel darin mindestens 10 Minuten schmoren lassen. Währenddessen das Gemüse mit etwas Salz, braunem Zucker und Muskatnuss abschmecken. Die Äpfel gewaschen und ungeschält mit einer groben Reibe zerkleinern und mit dem Saft und Abrieb der Zitrone vermengen. Die Hotdogbrötchen im Backofen erwärmen und die Rostbratwürste in einer Pfanne kross anbraten. Zum Servieren die Brötchen aufschneiden, mit dem Mango-Senf bestreichen und Würstchen sowie Gemüse und Äpfel hineingeben. Den Majoran zuletzt als Topping über den Hotdog streuen.
Heißen Hunger!

Burning Hot Dog

SOME LIKE IT HOTTER

ZUBEREITUNG

Zunächst die Avocados entkernen und würfeln. Dann mit dem Limettensaft, dem Zitronenabrieb, 1 gehackten oder zerdrückten Knoblauchzehe und etwa 1 TL Olivenöl in einer Schüssel vermengen. Die Masse mit etwas Salz abschmecken und beiseitestellen. Im Anschluss die Rinderhacksoße vorbereiten.

Dazu die Gemüsezwiebel und die zweite Knoblauchzehe fein hacken und zusammen mit dem Tomatenmark in einer großen Pfanne anbraten. Das Rinderhackfleisch, die Bohnen, den Mais, die Chiliflocken, das Curry, den Zucker sowie 1 TL Salz und 2 EL Olivenöl zu dem klein gehackten Gemüse mit in die Pfanne geben und mindestens 15 Minuten schmoren. Abschmecken und nach Bedarf nachwürzen.

Ist alles gut durchgeschmort, kommen die geschälten Tomaten ebenfalls mit in die Pfanne, in der man den Inhalt nun mindestens 10 Minuten einkochen lässt. Zum Schluss den Koriander in feine Streifen schneiden, die Masse damit verfeinern und das Ganze nach Bedarf mit einem Spritzer Zitronensaft abrunden.

Während die Sauce vor sich hinköchelt, die Geflügel-Merguez in einer zweiten Pfanne kross braten und die Hotdogbrötchen im Backofen erwärmen. Jetzt kann auch der Cheesedip in der Mikrowelle erhitzt werden. Zum Servieren die Hotdogs aufschneiden, jeweils erst mit der Avocadomasse bestreichen, dann mit einem Würstchen belegen und je nach Gusto mit der Rinderhacksauce sowie dem Cheesedip nappieren.

ZUTATEN

2	Avocados
1	Limette, Saft
1	Zitrone, Abrieb
2	Knoblauchzehen
	Olivenöl
	Salz
1	Gemüsezwiebel
1 EL	Tomatenmark
300 g	reines Rinderhackfleisch
1 Dose	rote Bohnen
1 Dose	Mais
1 TL	Chiliflocken
2 TL	Curry
3 TL	brauner Zucker
2 Dosen	geschälte Tomaten
2 Bund	Koriander, frisch gezupft
1 Spritzer	Zitronensaft
10	Hot Dog-Brötchen
10	Geflügel-Merguez
1 Glas	Cheesedip

SPIESSE

CHORIZO-SPIESSE
SEI KEIN SPIESSER :)

FÜR 3 PORTIONEN

ZUTATEN

800 g	Chorizowurst
200 g	Cocktailtomaten
200 g	rote Zwiebeln
	Salz
	Pfeffer
250 ml	Raps- oder Olivenöl
1	Ei
1 EL	frischer Zitronensaft
1 TL	Zucker
1 TL	mittelscharfer Senf
2	Knoblauchzehen, gewürfelt
ca. 8	Holz- oder Metallspieße

MEIN TIPP:
Etwas Zitronenabrieb und grob gezupfte Blattpetersilie verfeinern die Mayonnaise noch weiter.

ZUBEREITUNG

Die Chorizo und die Zwiebeln in grobe Stücke schneiden. Diese anschließend mit den Cocktailtomaten abwechselnd auf die Spieße stecken und leicht salzen und pfeffern. Danach auf den Grill legen. Währenddessen die restlichen Zutaten, inklusive etwas Salz nach Gusto, mit einem Pürierstab oder einem Handrührgerät zu einer Mayonnaise emulgieren.

WICHTIG: Die Zutaten für die Mayo sollten Zimmertemperatur haben, damit die Mayonnaise nicht gerinnt. Sobald die Spieße fertig sind, vom Grill nehmen und mit der Mayonnaise genießen.

KALBSRÖLLCHEN „SALTIMBOCCA"

ZUTATEN

FÜR 4 PORTIONEN

600 g	hauchdünne Kalbsschnitzel
200 g	roher Schinken
6	Salbeiblätter
	Rucola
1	Zwiebel
1	Knoblauchzehe
50 g	passierte Tomaten
	Salz
	Pfeffer
	brauner Zucker
	etwas Muskat
ca. 12	Holz- oder Metallspieße

ZUBEREITUNG

Die Schnitzelscheiben mit dem Schinken und dem Salbei belegen, stramm zusammenrollen und in daumendicke Röllchen schneiden. Diese anschließend auf die Spieße stecken und einige Minuten grillen, so dass das Fleisch durchgebraten, aber noch saftig ist. Dazu etwas gezupften Rucola reichen.
Für die Sugo die Zwiebel und den Knoblauch würfeln und zusammen mit den restlichen Zutaten in einem Topf bei mittlerer Hitze ca. 1 Stunde einkochen lassen. Im Anschluss pürieren.

MEIN TIPP:

Einen fein gewürfelten Apfel mit einkochen, das macht die Sugo noch fruchtiger!

MEIN TIPP:
Dazu passen frisch
gezupfte Blattpetersilie mit etwas
Minze vermengt und ein paar
Limettenspalten.

GARNELEN-MANGO-SPIESSE

ZUTATEN

FÜR 3 PORTIONEN

400 g	frische Garnelen ohne Schale
100 g	Mango
100 g	Gemüsezwiebel
2	Limetten, Abrieb und Saft
	Olivenöl
	Salz
1	Bio-Zitrone, Abrieb und Saft
125 ml	Raps- oder Olivenöl
1	Ei
½ TL	Zucker
½ TL	mittelscharfer Senf
ca. 8	Holz- oder Metallspieße

ZUBEREITUNG

Die Mango und die Zwiebel in grobe Stücke schneiden. Anschließend die Garnelen, die Mangowürfel und die Zwiebeln abwechselnd auf Spieße stecken, leicht mit etwas Olivenöl, Salz und dem Saft und Abrieb von 1 Limette abschmecken. Nach Gusto grillen. Die restlichen Zutaten, inklusive etwas Salz, mit einem Pürierstab zu Mayonnaise emulgieren.

HAHNCHENSPIESSE
MIT CHILI UND KOKOS
AUF GEGRILLTER ANANAS

FÜR 3 PORTIONEN

ZUTATEN

4 EL	Sweet-Chili-Sauce
1 EL	Kokosöl
1 TL	brauner Zucker
12	kleine Innenbrustfilets vom Hühnchen
	Salz
1	Ananas
200 g	Kokosflocken
ca. 8	Holz- oder Metallspieße

MEIN TIPP:

Mit etwas mit Zitronensaft mariniertem, frischem Koriander entfaltet dieses Gericht eine Extraportion Fernweh auf der Zunge!

ZUBEREITUNG

Die Sweet-Chili-Sauce, das Kokosöl, den braunen Zucker und etwas Salz gut vermengen. Einen Teil der Marinade für die Ananas später beiseitestellen und in den Rest die Innenbrustfilets geben. Diese dann mindestens 3 Stunden marinieren. Danach auf kleine Spieße stecken, falls die Filets zu groß sind, in Würfel schneiden. Anschließend auf den Grill damit. Bitte mehrfach wenden, damit das zarte Fleisch nicht zu trocken wird!

Die Ananas in mindestens 12 Stücke spalten und den Strunk entfernen. Die Frucht kurz durch die beiseitegestellte Marinade ziehen und ca. 3–5 Minuten auf dem heißen Grill kross braten.

Zum Schluss die Kokosflocken in einer trockenen Pfanne bei mittlerer Hitze mit etwas Salz goldbraun rösten. Fleisch und Ananas anrichten und die Kokosflocken zum Servieren darüberstreuen.

HÄHNCHENSPIESSE
MIT SÜSSKARTOFFELSTAMPF
UND ROTER KAROTTENSALSA

ZUTATEN

4	Hähnchenbrustfilets
200 ml	Apfelsaft
1 EL	brauner Zucker
1 TL	grüner Kardamom
1	Zitrone, Abrieb und Saft
	Salz
	Pfeffer
4	Süßkartoffeln
2 EL	Crème Fraîche
	Muskat
4	Karotten
2	rote Zwiebeln
2	Knoblauchzehen
200 ml	Cranberrysaft
	grüner Tabasco
	frischer Koriander, gezupft
ca. 8	Holz- oder Metallspieße

ZUBEREITUNG

Die Hähnchenbrustfilets in fingerdicke Streifen schneiden und aufspießen. Den Apfelsaft, den braunen Zucker, den Kardamom und den Zitronensaft und -abrieb zu einer Marinade vermengen, einen Teil davon für den nächsten Tag wegstellen und die Spieße über Nacht in der restlichen Marinade einlegen.

Die Spieße dann in einer trockenen Pfanne rundum anbraten und im Anschluss in der zurückgestellten Marinade im Backofen bei 165 °C ca. 5 Minuten nachziehen lassen. Mit Salz und Pfeffer abschmecken.

Die Süßkartoffeln währenddessen kochen, schälen, würfeln und mit ca. 2 EL Crème Fraîche stampfen. Mit Salz, Pfeffer und Muskat abschmecken. Die Karotten und die Zwiebeln schälen und stifteln, den Knoblauch würfeln und alles in einer Pfanne kross anbraten. Danach mit dem Cranberrysaft auffüllen. 5 Minuten einkochen lassen und anschließend mit Salz und grünem Tabasco abschmecken. Je nach Geschmack mit frisch gezupftem Koriander verfeinern.

Die Kartoffeln und das Gemüse zu den Spießen reichen und genießen.

SPIESSE · SPIESSE · SPIESSE

Pfannen-gerichte

Yummy!

Süßkartoffelsticks
mit kreolischen Hühnchenstreifen

ZUTATEN

200 g	TK-Süßkartoffelpommes
250 g	Hähnchenbruststreifen
1	Zwiebel, gehackt
1 TL	Knoblauch, gehackt
1 EL	frischer Ingwer, gehackt
½ EL	Honig
	Salz
	Currypulver
	Szechuanpfeffer
30 ml	Orangensaft
	Kokosraspeln
	frischer Koriander
	brauner Zucker

ZUBEREITUNG

Die Süßkartoffelpommes nach Anleitung auf der Verpackung im Backofen oder in der Fritteuse zubereiten. Die Hähnchenbruststreifen in etwas Öl in einer Pfanne anbraten. Wenn sie goldbraun und noch saftig sind, herausnehmen und in einer Schüssel beiseitestellen.

Die Zwiebel, den Knoblauch und den Ingwer mit dem Honig, etwas Salz, Currypulver und Szechuan-pfeffer in derselben Pfanne einige Minuten glasieren. Im Anschluss mit dem Orangensaft ablöschen und ca. 7 Minuten einkochen lassen. Die Hühnchen-streifen dazugeben und mit Kokosraspeln und frischem Koriander abschmecken.

Sobald die Süßkartoffelpommes fertig sind, mit Salz und braunem Zucker abschmecken und zu der Hähnchenpfanne reichen.

MEIN TIPP:

Ich reiche zu diesem Gericht noch etwas geschrotete Chiliflocken und Limettenviertel zum Würzen.

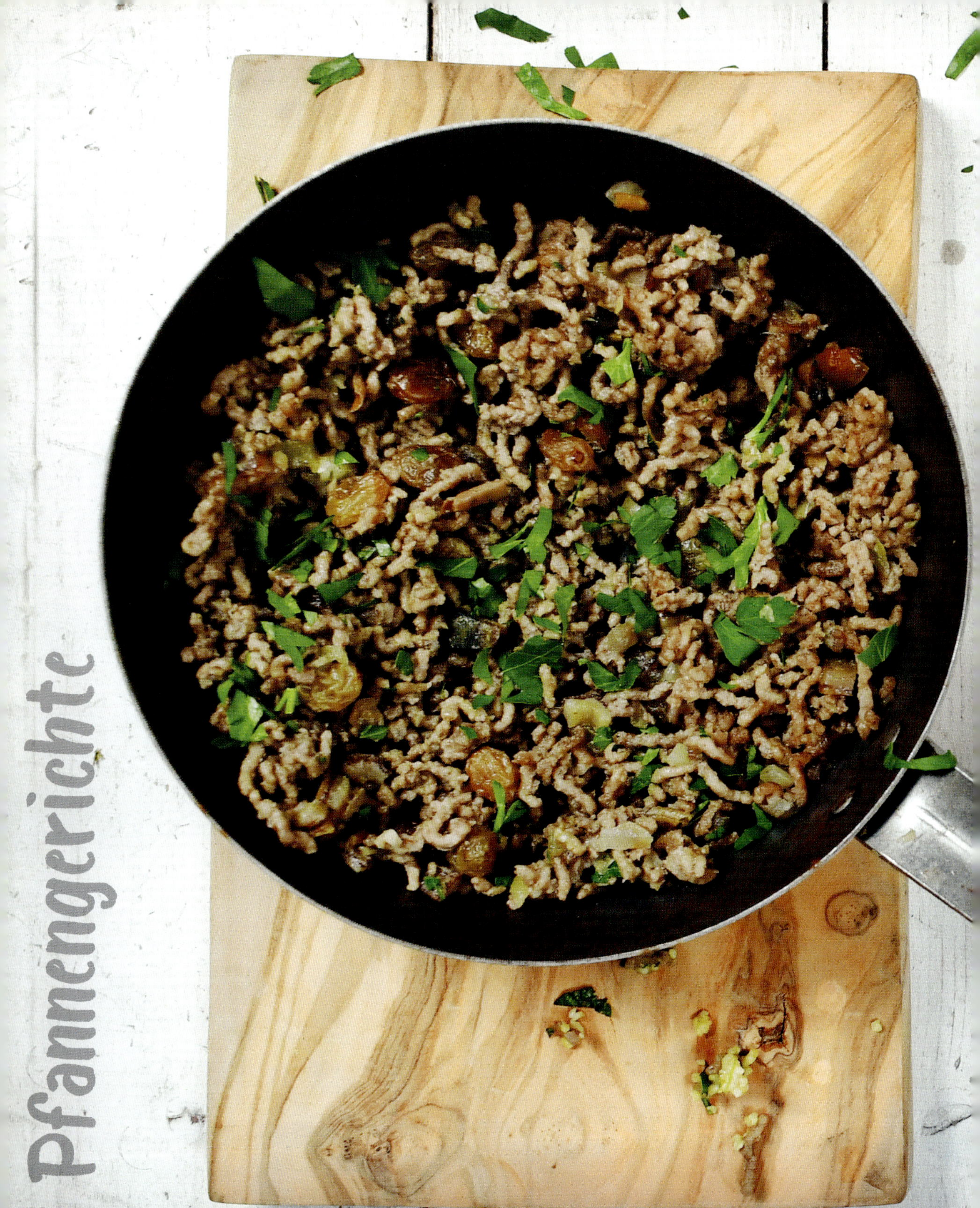

Lamm
à la Medina

Für 2 Portionen

ZUTATEN

200 g	Couscous
150 ml	Gemüsebrühe
½ Bund	Blattpetersilie
½ Bund	frische Minze
½ Bund	frischer Dill
1	Bio-Zitrone, Abrieb und Saft
1 TL	Ras el Hanout
	Salz
	brauner Zucker
50 g	Datteln
½	Gemüsezwiebel
200 g	Lammhack
25 g	Rosinen

ZUBEREITUNG

Den Couscous in der Gemüsebrühe garen und anschließend im noch heißen Zustand mit etwas Olivenöl in einer Schüssel vermengen. Die Blattpetersilie, die Minze und den Dill grob kleinschneiden und mit dem Zitronenabrieb und -saft unter den Couscous mischen. ½ TL Ras el Hanout, etwas Salz und braunen Zucker dazugeben.

Die Datteln in kleine Würfel schneiden, die halbe Gemüsezwiebel hacken und mit dem Lammhack, den Rosinen, ½ TL Ras el Hanout und etwas Salz in einer Pfanne mit ein wenig Öl schmoren. Sobald das Hack durch ist, den Pfanneninhalt heiß unter den Couscous heben und servieren.

Bon appétit!

ZUTATEN

300 g	Kalbsnuss
1 kl.	Zwiebel
35 g	gesalzene Butter
	Salz
	Pfeffer
	Muskatnuss
50 ml	Kalbsfond
50 ml	Sahne
1	Bio-Zitrone, Abrieb
100 g	Spätzle
100 g	frische Champignons, weiß und braun
1 TL	Knoblauch, gehackt
2 EL	frischer Thymian, gezupft
1 TL	Ahornsirup

ZUBEREITUNG

Die Kalbsnuss in feine Streifen schneiden, die Zwiebel hacken und beides mit 25 g gesalzener Butter in eine beschichtete Pfanne geben. Die Zutaten leicht anbräunen lassen und mit etwas Salz, Pfeffer und frisch geriebener Muskatnuss würzen. Anschließend den Kalbsfond und die Sahne dazugeben und ca. 30 Minuten bei niedriger Hitze vor sich hinköcheln lassen. Mit dem Abrieb einer Zitrone geschmacklich abrunden.

Währenddessen die Spätzle kochen und die noch heißen Nudeln in 10 g gesalzener Butter in einer Pfanne schwenken. Warmhalten.

Die Champignons würfeln und mit dem Knoblauch, dem frisch gezupften Thymian und dem Ahornsirup in einer heißen beschichteten Pfanne ca. 10 Minuten karamellisieren lassen. Mit Salz, Pfeffer, frisch geriebener Muskatnuss und etwas Zitronenabrieb abschmecken. Die drei Komponenten gemeinsam servieren und genießen.

Züricher Geschnetzeltes
mit karamellisierten Thymian-Champignons auf Butterspätzle

MEIN TIPP:
1 Bund frische, gezupfte, krause Petersilie in etwas Rapsöl frittieren und abgetropft und gut gesalzen über das Geschnetzelte geben.

Pfannengerichte

Schupfnudeln
mit Bohnen, Speck und karamellisiertem Schwarzbrot

ZUTATEN

250 g	Schupfnudeln aus dem Kühlregal
	Butter
	Rapsöl
50 g	Speckwürfel
1	kl. Zwiebel
	Salz
	Pfeffer
150 g	frische grüne Bohnen (z. B. Keniabohnen)
100 g	Pumpernickel

Für 2 Portionen

ZUBEREITUNG

Die Zwiebel kleinhacken.

Die Schupfnudeln in einer Pfanne mit etwas zerlassener Butter rundum goldgelb ausbraten. Anschließend aus der Pfanne nehmen und beiseitestellen. In die noch heiße Pfanne etwas Rapsöl geben, den Speck und die Zwiebel dazutun und beides mit etwas Salz und Pfeffer einige Minuten im Öl schwenken. Sparsam mit dem Salz umgehen, da der Speck an sich schon sehr salzig ist! Lieber zum Schluss, wenn nötig, noch einmal nachsalzen. Währenddessen die grünen Bohnen kurz in heißem Wasser blanchieren und im Anschluss zum Speck und den Zwiebeln geben.

Nach 5 Minuten die fertigen Schupfnudeln unterheben und je nach Gusto mit frischem, geriebenem Muskat abschmecken

Zuletzt das Schwarzbrot zerbröseln und die Brösel in einer heißen Pfanne mit Pfeffer, frisch geriebener Muskatnuss und etwas Zitronenabrieb abschmecken.

Die drei Komponenten zusammen servieren und genießen.

Pfannengyros
auf geschmortem Apfel-Rotkohl mit Ingwer-Minz-Lassi

ZUTATEN

250 g	Kalbfleisch
½	Gemüsezwiebel
	Olivenöl
	Salz
	Chiliflocken
	Thymian
	Rosmarin
	brauner Zucker
300 g	frischer Rotkohl
100 g	Apfel
	Apfelsaft
12 EL	Apfelmus
	Pfeffer
	Kardamom
10 g	Ingwer, gehackt
3	Stängel frische Minze
½	Becher Naturjoghurt
	Mineralwasser

MEIN TIPP:
Ich bereite dieses Rezept auch sehr gern mit finger-dicken Streifen von der Putenbrust zu!

ZUBEREITUNG

Das Kalbfleisch kleinschneiden. Die Gemüsezwiebel in feine Streifen schneiden und beides mit etwas Olivenöl in einer Pfanne anbraten. Mit Salz, Chiliflocken, Thymian, Rosmarin und etwas braunem Zucker würzen und ca. 10 Minuten schmoren lassen.

Währenddessen den Rotkohl in feine Stifte schneiden und den Apfel würfeln. In einem Topf mit einem Schuss Apfelsaft und dem Apfelmus ca. 10 Minuten schmoren. Mit Salz, Pfeffer und Kardamom würzen.

Für den Lassi die Minze kleinzupfen und mit dem gehackten Ingwer, dem Naturjoghurt, einem Schuss Mineralwasser und einer Prise Salz fein pürieren. Das Fleisch auf dem Rotkohl servieren und mit einem Klecks Ingwer-Minz-Lassi abrunden. Dazu kann bei Bedarf gekochter Reis gereicht werden.

Pfannengerichte

Pfannen-Gnocchi
mit Rosenkohl, Spinat und Pinienkernen

Für 2 Portionen

ZUTATEN

200 g	frischer Rosenkohl
1 kl.	Zwiebel
2	Knoblauchzehen
200 g	frischer Babyspinat
	Salz
	Pfeffer
	Muskatnuss
	etwas Zitronenabrieb
150 g	Gnocchi aus dem Kühlregal
50 g	Pinienkerne

ZUBEREITUNG

Den Rosenkohl vierteln und in heißem Wasser einige Minuten blanchieren. Die Zwiebel und den Knoblauch hacken und mit dem Spinat und dem blanchierten Rosenkohl in etwas Rapsöl braten. Mit Salz, Pfeffer, frisch geriebener Muskatnuss und etwas Zitronenabrieb würzen.

Währenddessen die Gnocchi in Salzwasser kurz blanchieren und im Anschluss in einer Pfanne mit reichlich Olivenöl goldbraun braten. Leicht salzen und unter die Rosenkohlpfanne heben. Die Pinienkerne bei mittlerer Hitze in einer trockenen Pfanne mit etwas Salz unter stetem Wenden ca. 10 Minuten rösten. Je nach Gusto kann das Gericht noch mit frisch geriebenem Parmesan verfeinert werden.

MEIN TIPP:
Abgerundet mit frisch
geriebenem Parmesan ist
diese Pfanne eines meiner
Lieblingsrezepte.

MEIN TIPP:
Je 1 Esslöffel frische
Granatapfelkerne pro Person
und ein Spritzer Limettensaft runden dieses Rezept
zur Gänze ab!

Orientalische Hackfleischpfanne

mit Rosinenreis und geschmorten Gurken

Für 2 Portionen

ZUTATEN

250 g	Rind- o. Lammhackfleisch
150 g	Langkornreis (oder Natur- o. Wildreis)
1 kl.	Zwiebel
2	Knoblauchzehen
	Olivenöl
½ TL	Salz
½ TL	Zimt
½ TL	brauner Zucker
½ TL	Kardamom
½ TL	Kreuzkümmel
50 g	Salatgurke
	etwas frischer Dill
25 g	Saftrosinen
150 ml	naturtrüber Apfelsaft
	frischer Ingwer
	Currypulver
	etwas Naturjoghurt (nach Geschmack)

ZUBEREITUNG

Den Reis bissfest kochen.

Währenddessen die Zwiebel und den Knoblauch hacken und mit dem Hackfleisch in etwas Olivenöl anbraten. Mit je einem halben TL Salz, Zimt, braunem Zucker, Kardamom und Kreuzkümmel würzen.

Die Gurke der Länge nach halbieren, entkernen und kleinschneiden, sodass kleine Gurkenhalbmonde entstehen. Diese in einer heißen Pfanne mit etwas Olivenöl kurz anschmoren und mit Salz und frischem Dill würzen. Beiseitestellen.

Sobald der Reis fertig gekocht ist, mit den Saftrosinen und etwas Olivenöl in einer Pfanne ca. 10 Minuten anbraten. Den Apfelsaft dazugeben und weitere 10 Minuten einkochen. Mit Salz, etwas klein gehacktem Ingwer und Currypulver würzen. Das Hackfleisch zum Reis geben und alles gut vermengen.

Zum Servieren die Gurkenscheiben als Topping obenauf geben. Je nach Gusto reicht man zu diesem Gericht etwas frischen Joghurt.

Kalbsgeschnetzeltes mit Pfannenspätzle,
Saftaprikosen und karamellisierten Mandelstiften

ZUTATEN

Für 2 Portionen

250 g	Kalbfleisch
50 g	getrocknete Saftaprikosen
1 kl.	Zwiebel
	Salz
	Muskatnuss
	brauner Zucker
50 ml	Sahne
150 g	Spätzle
	Butter
etwas	Schnittlauch
50 g	Mandelstifte
	etwas frischer Dill

ZUBEREITUNG

Das Kalbfleisch kleinschneiden, die Aprikosen stifteln und die Zwiebel hacken. Zusammen in einer heißen Pfanne rundum kross anbraten und mit Salz, frisch geriebener Muskatnuss und braunem Zucker würzen. Die Sahne hinzufügen und alles ca. 5 Minuten einkochen lassen. Währenddessen die Spätzle kochen und die fertigen Nudeln in etwas zerlassener Butter goldbraun ausbraten. Mit ein wenig Salz und Muskat würzen und frisch gehackten Schnittlauch unterheben.

Die Mandelstifte mit etwas braunem Zucker in eine Pfanne geben und bei mittlerer Hitze ca. 10 Minuten unter stetem Wenden karamellisieren.

Zum Servieren die Nudeln mit dem Fleisch vermengen und die Mandelstifte darübergeben.

Pfannengerichte

Ob bestandenes Staatsexamen, absolvierte Prüfungen oder der Besuch der Eltern – diese Entenbrust eignet sich perfekt für besondere Anlässe!

MEIN TIPP:

Ich veredle die Entenbrust gern nach dem Braten mit etwas Limecurt, den ich mit einem Pinsel auf die krosse Haut auftrage. Die komplette Brust anschließend mit geschroteten Nüssen bestreuen.

Entenbrust-Tranchen
auf Petersiliensalat in Johannisbeer-Birnen-Sauce

ZUTATEN

2	Entenbrüste
1	Birne
1	Knoblauchzehe
½	Gemüsezwiebel
50 g	schwarze Johannisbeeren
1 EL	Ahornsirup
1 TL	grüner Pfeffer aus der Lake
200 ml	Johannisbeersaft
	Salz
	Pfeffer
1 TL	Butter
1 Bund	Blattpetersilie
½ Kopf	Eisbergsalat
100 g	Naturjoghurt
1	Bio-Zitrone, Abrieb und Saft
1 EL	Olivenöl
1 TL	brauner Zucker

ZUBEREITUNG

Die Entenbrüste auf der Hautseite mit einem Messer kreuzweise einritzen. Dabei darauf achten, dass das Fleisch nicht mit angeschnitten wird. In einer trockenen Pfanne zunächst auf der Hautseite scharf anbraten. Öl wird keines benötigt, da die Ente selbst genug Fett enthält. Nach dem Wenden der Entenbrüste diese bei 165 °C im Backofen ca. 15 Minuten weitergaren lassen.

Die Birne in kleine Würfel schneiden und Knoblauch und Zwiebel hacken. Diese anschließend in einem Topf mit den Johannisbeeren, dem Ahornsirup, dem grünen Pfeffer und dem Johannisbeersaft ca. 15 Minuten einkochen lassen. Mit Salz, Pfeffer und der Butter nach Gusto abschmecken.

Den Naturjoghurt mit dem Zitronenabrieb und -saft, dem Olivenöl und dem braunen Zucker zu einem Dressing vermischen und zum Schluss mit etwas Salz abrunden. Den Eisbergsalat schneiden, waschen und mit dem Dressing anmachen. Etwas Blattpetersilie untermischen und mit den Entenbrüsten und der Sauce servieren.

Putengeschnetzeltes
in Bananen-Ingwer-Milch auf Minz-Couscous

Für 2 Portionen

ZUTATEN

250 g	Putengeschnetzeltes
½	Apfel
½	Banane
½	Gemüsezwiebel
1 TL	frischer Ingwer
1 TL	Knoblauch, gehackt
15 g	Mehl
100 ml	Milch
	Salz
	weißer Pfeffer
150 g	Couscous
	Blattpetersilie
	Minze
	etwas Zitronenabrieb

MEIN TIPP:

Um dem Gericht einen exotischeren Geschmack zu verleihen, ersetze ich gerne die Milch durch Kokosmilch. Den gekochten Couscous schmecke ich mit einem feinen Strahl von geröstetem Erdnussöl und etwas frischem Limettensaft ab.

ZUBEREITUNG

Die Zwiebel in kleine Stifte schneiden. Die Banane würfeln und den Apfel schälen und ebenfalls würfeln. Die Gemüsezwiebel hacken. Alles zusammen mit dem gehackten Ingwer und Knoblauch und mit dem Putengeschnetzelten ca. 7 Minuten in einer Pfanne glasieren. Anschließend mit dem Mehl abstäuben und mit der Milch auffüllen. Das Ganze vor sich hinköcheln lassen und mit Salz und weißem Pfeffer abschmecken.

Den Couscous nach Anleitung kochen und mit frischer, geschnittener Blattpetersilie sowie frischer Minze und Zitronenabrieb verfeinern. Zum Servieren den Couscous auf dem Teller anrichten und das Putengeschnetzelte darübergeben.

GREAT FOOD

Homemade

BURGER

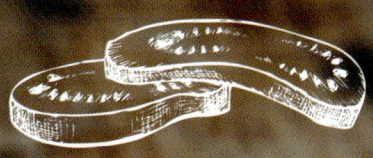

DIE BASICS

Einen hausgemachten Burger gibt man so schnell nicht wieder aus der Hand. In diesem Sinne habe ich nun einige Anregungen zur Herstellung wirklich einzigartiger Burgervariationen zusammengetragen, die jede Burgerparty garantiert zum Erfolg werden lassen. Mit den Toppings im nächsten Abschnitt, kann der eigene Burger dann nach Lust und Laune belegt werden, der Phantasie sind dabei keine Grenzen gesetzt. Um einen echten homemade Burger zu kreieren, bedarf es allerdings erst einmal einer guten Basis. Burger ohne Buns – wie sollte das gehen? Somit hier die Basistools.

BURGER BUNS

10 STÜCK

ZUTATEN

42 g	frische Hefe
60 ml	Milch, 3,8 %
150 ml	warmes Wasser
20 g	brauner Zucker
10 g	Feinzucker
500 g	Weizenmehl, Typ 550
80 g	Butter, gesalzen
2	Eier (XL)
80 g	Sesam, geröstet und hell

ZUBEREITUNG

Zunächst die Hefe in 40 ml lauwarmer Milch auflösen. Danach unter kontinuierlichem Rühren das warme Wasser, den braunen Zucker sowie den Feinzucker und 20 g fein gesiebtes Weizenmehl dazugeben. Bei mittlerer Stufe des Rührgeräts ca. 15 Minuten gut verkneten.

Im Anschluss mindestens 1 Stunde gehen lassen. Nachdem der Teig aufgegangen ist, die Butter schmelzen und zusammen mit dem restlichen Mehl und 1 Ei unter den Teig heben. Danach 5 Minuten langsam kneten und an einem warmen Ort 1 weitere Stunde gehen lassen.

Schließlich 10 Kugeln aus dem Teig formen und auf einem mit Backpapier ausgelegten Blech ca. 45 Minuten ruhen lassen. 1 Ei mit den restlichen 20 ml Milch verquirlen und die Buns damit bestreichen. Den gerösteten Sesam darüberstreuen und bei 180 °C Ober- und Unterhitze ca. 20 Minuten im Ofen backen.

Der aufgeschnittene Bun wird besonders aromatisch, wenn er auf den Schnittseiten mit etwas gesalzener Butter bestrichen kross in der Pfanne oder auf dem Grill geröstet wird. Gerne können diese heißen Schnittstellen im Anschluss mit frischem Knoblauch abgerieben werden.

BURGER PATTYS

ZUTATEN

1 kg	frisches Hackfleisch
	Salz
	Pfeffer
	brauner Zucker

Je nach Gusto:
fein gewürfelter Speck,
frische Kräuter, Thymian,
gehackter Rosmarin,
frischer, gehackter Knoblauch

ZUBEREITUNG

Für die selbstgemachten Pattys sollte man frisches Hack-fleisch vom Metzger verwenden. Das verwendete Fleisch darf nicht zu mager sein, damit der Patty im eigenen Saft steht.
Als Faustformel gilt:
1 kg frisch gewolftes Fleisch (Rind, Kalb, Schwein o. Geflügel), etwas Salz, etwas Pfeffer und etwas braunen Zucker in einer kalten Schüssel gut vermengen und zu flachen Pattys formen. Entweder in einer heißen Pfanne beidseitig ca. 5 Min. saftig und kross ausbraten oder ab auf den Grill da-mit. Gerne kann der Grundpatty auch mit fein gewürfeltem Speck und frischen Kräutern abgerundet werden. Thymian und gehackter Rosmarin mit ein wenig frischem Knoblauch schmecken genauso fantastisch.

EXTRA-TOPPINGS

In den folgenden Rezepten findet ihr
Inspiration für EUREN perfekten Burger!
Stellt euch die Toppings nach dem
Baukastenprinzip zusammen – für die
kreative Entfaltung am heimischen Herd.

ROTE HONIG-ZWIEBELN

ZUTATEN

3	rote Zwiebeln
50 ml	roter Traubensaft
2 EL	Honig
	Salz

ZUBEREITUNG

Die Zwiebeln in Scheiben schneiden, mit den restlichen Zutaten gut vermengen und mindestens 3 Stunden marinieren lassen. Die marinierten Zwiebeln können je nach Gusto noch leicht geschmort oder mit frischer Blattpetersilie verfeinert werden.

FEINES EISBERGSTROH

ZUTATEN

1	Eisbergsalat
1 Bund	Blattpetersilie
1	Bio-Zitrone, Abrieb und Saft
	Salz

ZUBEREITUNG

Den Eisbergsalat und die Petersilie waschen und klein schneiden. In einer großen Schüssel gut mit dem Zitronenabrieb und -saft vermengen und im Kühlschrank ca. 3 Stunden ziehen lassen. Kurz vor dem Servieren mit etwas Salz abschmecken.

KORIANDER-MIX

ZUTATEN

1 Bund	Koriander
1 Bund	Blattpetersilie
1 Bund	frische Minze
2	Bio-Zitronen, Abrieb und Saft
	Salz

ZUBEREITUNG

Den Koriander, die Blattpetersilie und die Minze hacken. Mit dem Zitronenabrieb und -saft gut vermengt mindestens 3 Stunden im Kühlschrank ziehen lassen. Vor dem Servieren leicht salzen.

INGWER-ZWIEBEL-MIX

ZUTATEN

6	Gemüsezwiebeln
1	Apfel
3 EL	Ingwer, gehackt
1 EL	Knoblauch, gehackt
2	Limetten, Abrieb und Saft
	Salz

ZUBEREITUNG

Die Zwiebeln in Ringe schneiden und den Apfel würfeln. Beides mit den restlichen Zutaten gut vermengt mindestens 3 Stunden im Kühlschrank ziehen lassen. Vor dem Servieren leicht salzen.

CA. 500 ML

MEIN TIPP:
Mit etwas Sesamöl verfeinern.

GESCHMORTER APFEL

CA. 300 ML

ZUTATEN

10	Äpfel
1 EL	Ingwer, gehackt
1 EL	Knoblauch, gehackt
1 EL	Honig
100 ml	naturtrüber Apfelsaft
	Räuchersalz
	frischer Thymian

ZUBEREITUNG

Die Äpfel entkernen und in Spalten schneiden. Danach alle Zutaten bis auf den Thymian in einen Topf geben und leicht schmoren. Zum Schluss mit reichlich frischem Thymian abschmecken.

BIRNEN MIT WALNUSS UND BLAUSCHIMMEL-KÄSE

ZUTATEN

200 g	Dosenbirnen
100 g	Blauschimmelkäse
50 g	geschrotete Walnüsse
1 EL	Walnussöl
1 TL	Honig
	Salz
	weißer Pfeffer

ZUBEREITUNG

Die Birnen und den Käse würfeln und mit den restlichen Zutaten gut vermengen. Ca. 2 Stunden ziehen lassen.

MEIN TIPP:
Mit reichlich frisch gezupftem Thymian abrunden.

FRITTIERTER RUCOLA

ZUTATEN

3	Bund Rucola
	Rapsöl
	Salz

ZUBEREITUNG

Den Rucola waschen und gut trocknen lassen. Anschließend in reichlich sprudelnd heißem Rapsöl einige Minuten frittieren und nach dem Abtropfen gut salzen.

MEIN TIPP:
Passt auch zur Pasta!

KREOLISCHE SÜSSKARTOFFEL-STICKS

ZUTATEN

200 g	TK-Süßkartoffelpommes
30 g	brauner Zucker
10 g	Salz
3	Orangen, Abrieb
2	Zitronen, Abrieb
1	Bund Koriander

ZUBEREITUNG

Die Süßkartoffelpommes nach Anleitung im Ofen oder der Fritteuse zubereiten. Den Koriander hacken. Die noch heißen Pommes mit den restlichen Zutaten in einer großen Schale vermengen und z. B. auf oder zu einem Burger servieren.

TOMATEN-CHUTNEY

ZUTATEN

1 kg	Strauchtomaten
300 g	Apfel
2	Zwiebeln, gehackt
2 ½ EL	Knoblauch, gehackt
10 g	brauner Zucker
	Salz
	Szechuanpfeffer
	Olivenöl
1	Bio-Zitrone, Abrieb
1	Orange, Abrieb

ZUBEREITUNG

Die Strauchtomaten und den Apfel würfeln. Beides zusammen mit den Zwiebeln, dem Knoblauch, dem Zucker und den Gewürzen in einem Topf mit etwas Olivenöl ca. 10 Minuten einkochen lassen. Je nach Gusto noch mit ein wenig Zitronen- und Orangenabrieb verfeinern.

CA. 3X 250 ML WECKGLAS

BBQ-SAUCE

ZUTATEN

300 ml	Ketchup
3 EL	Apfelmus
1	Apfel
100 ml	Cola
	Räuchersalz
	Cayennepfeffer
	Chili
	Zimt

ZUBEREITUNG

CA. 500 ML

Den Apfel schälen, entkernen, würfeln und mit den restlichen Zutaten in einem Topf aufkochen. Im Anschluss fein pürieren.

MEIN TIPP:

Nach dem Pürieren noch einmal einen feinst gewürfelten frischen Apfel zugeben und mindestens eine Nacht ziehen lassen.

ORANGENSENF

ZUTATEN

200 ml	mittelscharfer Senf
1 EL	Honig
2	Orangen, Abrieb und Saft
	Räuchersalz

ZUBEREITUNG

Alle Zutaten in einem Topf leicht erhitzen und anschließend in einem Weckglas im Kühlschrank lagern.

CA. 250 ML

LIMETTENMAYO „DELUXE"

ZUTATEN

200 g	Mayonnaise
10 ml	Limettensirup
4	Limetten, Abrieb und Saft
	Räuchersalz

ZUBEREITUNG

Die Mayonnaise mit dem Limettensirup, dem Saft von 2 Limetten und dem Abrieb von 4 Limetten sowie etwas Räuchersalz vermengen. Mindestens 3 Stunden ziehen lassen.

MARINIERTE TOMATENSCHEIBEN

ZUTATEN

4	Strauchtomaten
60 ml	Olivenöl
40 ml	Orangensaft
1 Bund	Basilikum, gezupft

ZUBEREITUNG

Um den Burgertomaten noch etwas mehr Tiefe zu verleihen, kann man die fingerdicken Scheiben vor dem Verwenden einlegen. Dazu das Olivenöl, den Orangensaft und das Basilikum vermengen und die Tomaten darin über Nacht einlegen. So entfaltet sich ein herrlich frischer Geschmack auf dem Burger.

KÄSE EXTRA-TIPP!

Egal welchen Käse man zum Burger verwendet, ob Cheddar, Schmelzkäse, Bergkäse, Blauschimmel, Mozzarella, ob in Scheiben, gerieben oder eingelegt: wichtig ist, dass der Käse nicht direkt aus dem Kühlschrank kommend verwendet wird. Käse entfaltet nämlich erst bei Raumtemperatur sein volles Aroma.

KETCHUP UND MAYONNAISE EXTRA-TIPP!

Wer diese Grundzutaten für seinen Burger selbst herstellen möchte, kann das natürlich sehr gern tun. In der Regel reicht es jedoch, ein qualitativ hochwertiges, gekauftes Produkt ein wenig zu „pimpen". Dafür eignen sich beispielsweise besonders gut einige Apfelstücke, Räuchersalz, Zitronenabrieb, Knoblauch, frische Kräuter oder Honig.

Delicious CHICKEN BURGER

ZUTATEN

4	Burger-Buns
1	Knoblauchzehe
4	Hähnchenbrustfilets
	Salz
	Pfeffer
	Currypulver
1	Apfel
	Honig
200 g	Roquefort
	Honigsenf
	Remoulade

ZUBEREITUNG

Die Burger-Buns aufschneiden und auf der Schnittseite auf dem Grill anbraten, so dass ein schönes Branding entsteht. Eine Knoblauchzehe teilen und die noch warmen Schnittflächen der Brötchen mit dem Knoblauch abreiben. Die 4 Hähnchenbrustfilets auf dem Grill umseitig ca. 7–10 Minuten kross braten. Noch heiß mit Salz, Pfeffer und Currypulver würzen. Aus dem Apfel 4 fingerdicke Scheiben schneiden und diese mit etwas Honig bestrichen je Seite ca. 2 Minuten auf dem Grill anbraten.

Zum Schluss den Roquefort ebenfalls in 4 Scheiben schneiden.

Nun den Burger nach Belieben stapeln und je nach Geschmack mit etwas Honigsenf und Remoulade abrunden.

BURGER

AMERICAN'S BEST
Homemade

FÜR 4 BURGER

ZUTATEN

12	Speckstreifen
	Honig
10	Aprikosen, getrocknet
¼ Kopf	Eisbergsalat
	etwas BBQ-Sauce
12	Cheddar-Scheiben
4	Sesam-Burger-Buns

ZUBEREITUNG

Die Speckstreifen auf Pergamentpapier oder Backpapier legen und mit Honig einstreichen. Im Backofen bei Ober- und Unterhitze und 200 °C ca. 10 Minuten kross backen. Parallel werden die Aprikosen in feine Streifen geschnitten und in einer beschichteten Pfanne ca. 3–5 Minuten angebraten. Anschließend den Eisbergsalat in Stifte schneiden. Die Burgerbrötchen nun mit der BBQ-Sauce einstreichen und alle vorbereiteten Zutaten sowie den Käse auf dem Burger anrichten.

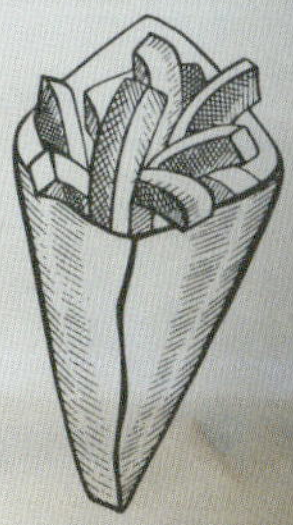

BURGER

MEIN TIPP:

Zum Verfeinern der BBQ-Sauce: Einen Apfel und eine Zwiebel in ganz feine Würfel schneiden und zur Sauce geben. Etwa 3 EL Cola unterrühren und die BBQ-Sauce mit je einer Prise Chilipulver, Curry und schwarzem Pfeffer abschmecken.

ZUTATEN

600 g	Rinderhackfleisch
50 g	rote Zwiebeln, gehackt
	Salz
	Pfeffer
	Muskat
4	Sesam-Burger-Buns
4	Speckstreifen
	Ahornsirup
¼ Kopf	Eisbergsalat
4	Scheiben Cheddarkäse
	Ketchup
	Senf nach Bedarf

ZUBEREITUNG

Das Hackfleisch mit den gehackten Zwiebeln, Salz, Pfeffer und etwas Muskat mischen. Mit feuchten Händen aus der Masse 4 gleich große Burger-Pattys formen. Diese dann auf dem Grill pro Seite ca. 3–5 Minuten kross grillen oder in der Pfanne mit etwas Butterschmalz anbraten. Die Sesam-Burger-Buns aufschneiden und ihnen auf der Schnittfläche ein schönes Branding verpassen. Im Anschluss die 4 Speckstreifen kross ausbraten und danach mit etwas Ahornsirup beträufeln. Vom Salat einige große Blätter abzupfen und waschen. Nun den Burger mit den Pattys, den Speckstreifen, dem Salat und dem Cheddarkäse belegen und nach Wahl mit Ketchup oder Senf bestreichen.

FÜR 4 BURGER

DELICIOUS

WESTERN BURGER

BURGER

FÜR 4 BURGER

Ahoi KÜSTEN-KNIFTE

MEIN TIPP:

Wenn ihr mit vielen Leuten grillen wollt, dann nehmt eine ganze Lachsseite ohne Haut und zupft den Lachs nach dem Garen auf eure Burger. Rundet diesen Burger mit reichlich eingelegtem Sushi-Ingwer ab!

ZUTATEN

4	schwarze Burger-Buns
100 g	Eisbergsalat
100 g	Blattpetersilie
100 g	Wakame (Algensalat)
	Zitronensaft
2 EL	Sesamöl
100 g	Mayonnaise
1	Limette, Abrieb und Saft
	Cayennepfeffer
4	Lachstranchen à 160 g
2 EL	helle Sojasauce
1	Knoblauchzehe
1	Bio-Zitrone, Abrieb

ZUBEREITUNG

Zunächst den Eisbergsalat in feine Stifte schneiden und die Blattpetersilie hacken. Beides mit der Wakame, etwas Zitronensaft und 1 EL Sesamöl vermischen und beiseitestellen. Dann die Mayonnaise mit dem Limettensaft und -abrieb sowie etwas Cayennepfeffer anrühren und ebenfalls beiseitestellen. Die Lachstranchen mit 1 EL Sesamöl und der Sojasauce bestreichen und im Backofen bei 185 °C ca. 12 Minuten garen. Währenddessen die Burger-Buns aufschneiden und auf der Schnittseite auf dem Grill oder in der Pfanne kross anrösten. Anschließend die Seiten mit etwas frischem Knoblauch einreiben und ein wenig Zitronenabrieb darauf geben. Nun kann der Burger belegt werden. Dafür die Buns mit der Mayonnaise bestreichen und die Salatmischung sowie den Lachs dazugeben. Gerne noch etwas Limettensaft dazureichen.

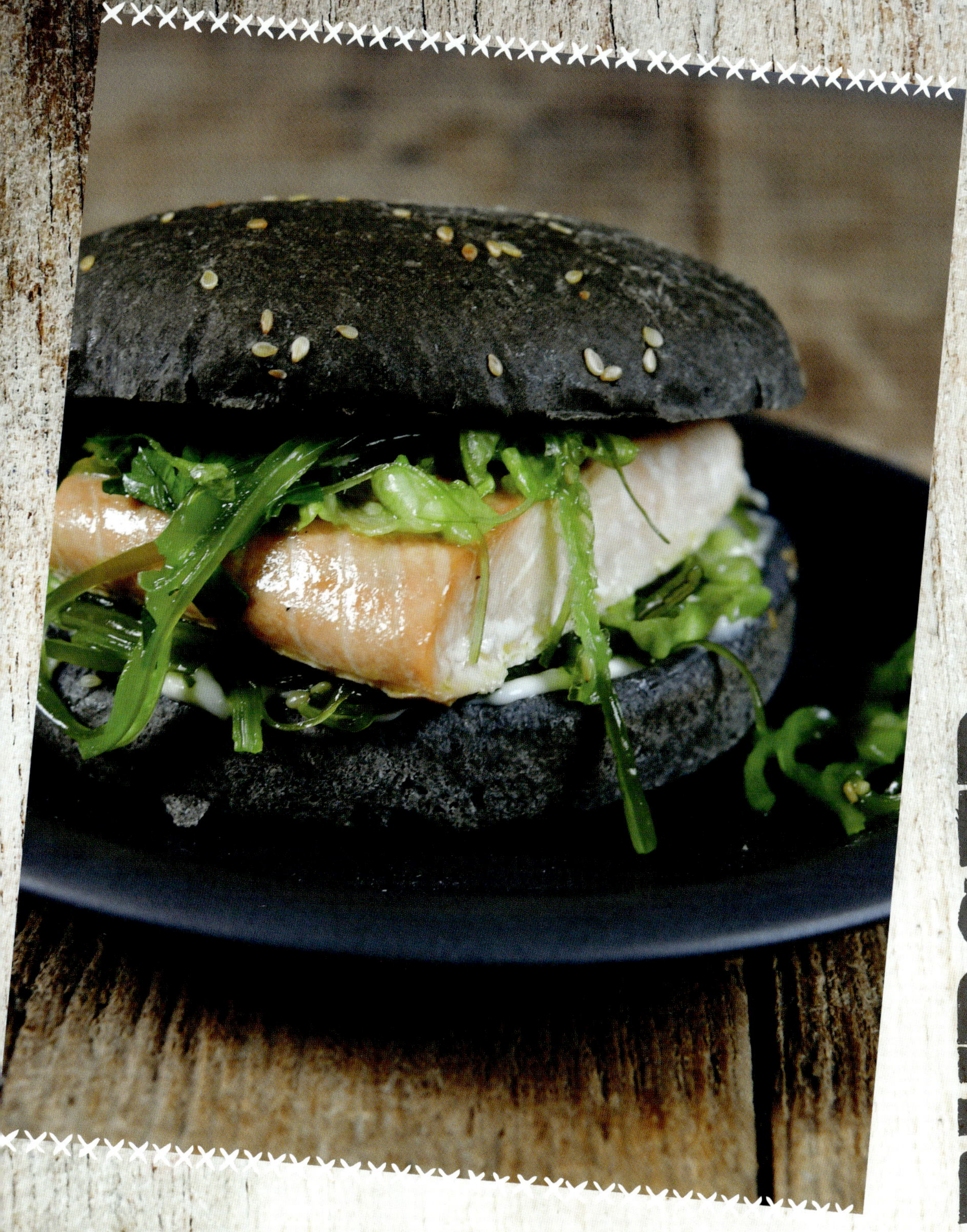

BURGER

DELICIOUS

SURF'N TURF BURGER

ZUTATEN

50 g	Ananas
100 g	kleine, vorgekochte Garnelen
1 EL	Ingwer, gehackt
1 EL	Knoblauch, gehackt
100 g	Cocktailsauce
	Salz
	Cayennepfeffer
1	Bio-Zitrone, Abrieb
4	Rindfleisch-Pattys à 180 g
4	Sesam-Buns
	Apfelmus
½ Kopf	Eisbergsalat

ZUBEREITUNG

Zunächst die Ananas in kleine Würfel schneiden. Diese dann gut mit den Garnelen, dem Ingwer, dem Knoblauch und der Cocktailsauce vermengen. Mit etwas Salz, Cayennepfeffer und Zitronenabrieb abschmecken und beiseitestellen. Die Rindfleisch-Pattys nach Rezept zubereiten (siehe S. 73) und auf dem Grill oder in der Pfanne kross braten. Währenddessen die Buns aufschneiden und auf der Schnittseite mit etwas Apfelmus bestreichen. Anschließend auf dem Grill anrösten und danach mit Salz und Pfeffer würzen. Den Eisbergsalat in feine Stifte schneiden und mit dem Rindfleisch-Patty und der Garnelenmasse auf die Buns geben.

MEIN TIPP:
Hierzu passen frisch frittierter Ingwer oder Knoblauch.

BURGER

ITALIAN'S BEST
Veggie Style

ZUTATEN

4	Dinkel-Buns
2	rote Zwiebeln
1 EL	Knoblauch, gehackt
6	Strauchtomaten
	Olivenöl
1 EL	Kirschmarmelade
	Salz
	brauner Zucker
	Pfeffer
1	Bio-Zitrone, Saft und Abrieb
4 St	Veggie-Hack-Steaks, gekauft
4 EL	Tomatensugo
2	Mozzarellakugeln
2	Bund Rucola
	Rapsöl
	Salz

ZUBEREITUNG

Dieser italienisch inspirierte Burger kommt ganz ohne Fleisch aus und ist wahnsinnig lecker! Für das Chutney müssen die roten Zwiebeln gehackt, 2 Strauchtomaten gewürfelt und dann zusammen mit dem Knoblauch in etwas Olivenöl angeschmort werden. Nach ein paar Minuten die Kirschmarmelade dazugeben und alles ca. 10 Minuten einkochen lassen. Die Veggie-Hacksteaks derweil beidseitig anbraten, mit etwas Tomatensugo bestreichen und warmhalten. Anschließend den Rucola waschen und zupfen und in reichlich heißem Rapsöl frittieren. Danach auf Küchenpapier abtropfen lassen und direkt salzen. Die 4 restlichen Strauchtomaten und die Mozzarellakugeln in Scheiben schneiden. Zuletzt den Burger nach Gusto belegen und genießen!

BURGER

FÜR 4
BURGER

Homemade
BURGER MEISTER

ZUTATEN

50 g	Ananas
100 g	kleine, vorgekochte Garnelen
1 EL	Ingwer, gehackt
1 EL	Knoblauch, gehackt
100 g	Cocktailsauce
	Salz
	Cayennepfeffer
1	Bio-Zitrone, Abrieb
4	Rindfleisch-Patties à 180 g
4	Sesam-Buns
	Apfelmus
½ Kopf	Eisbergsalat

ZUBEREITUNG

Zunächst die Ananas in kleine Würfel schneiden. Diese dann gut mit den Garnelen, dem Ingwer, dem Knoblauch und der Cocktailsauce vermengen. Mit etwas Salz, Cayennepfeffer und Zitronenabrieb abschmecken und beiseitestellen. Die Rindfleisch-Pattys nach Rezept zubereiten (siehe S. 73) und auf dem Grill oder in der Pfanne kross braten. Währenddessen die Buns aufschneiden und auf der Schnittseite mit etwas Apfelmus bestreichen. Anschließend auf dem Grill anrösten und danach mit Salz und Pfeffer würzen. Den Eisbergsalat in feine Stifte schneiden und mit dem Rindfleisch-Patty und der Garnelenmasse auf die Buns geben.

BEEF BROTHER

Der „Beef Brother" ist die perfekte Wahl für diejenigen, die auf eine raffinierte Zutatenkombination mit dem gewissen Extra stehen. Die Süße der Johannisbeermarmelade und der extra Frischekick der Limette sorgen für eine wahre Geschmacksexplosion im Mund. Die folgenden Toppings einfach zur „Burger-Basis" (siehe S. 72/73) ergänzen oder einen ganz persönlichen Burger kreieren, indem man die Toppings des „American's Best" (siehe S. 84) und des „Beef Brothers" nach eigenem Geschmack zusammenstellt.

ZWIEBEL-MARMELADE

ZUTATEN

2	rote Zwiebeln
1 EL	Knoblauch, gehackt
20 g	schwarze Johannisbeermarmelade

ZUBEREITUNG

Die Zwiebeln kleinhacken und mit dem Knoblauch und der Marmelade in einen Topf geben. Mindestens 5–7 Minuten einkochen lassen. Zuletzt mit Salz, Pfeffer und je nach Gusto mit weiteren Gewürzen abschmecken.

THYMIAN-SPECKSTREIFEN

ZUTATEN

10	Speckstreifen
5	Thymian-Zweige
1 TL	Knoblauch, gehackt
1 TL	brauner Zucker

ZUBEREITUNG

Die Thymianzweige zupfen. Die Speckstreifen mit dem Thymian, dem Knoblauch und dem Zucker vermengen und in eine beschichtete, trockene Pfanne geben. Den Speck ca. 5–7 Minuten kross ausbraten.

LIMETTENMAYO „BASIC"

ZUTATEN

75 g	Mayonnaise
1	Limette, Saft davon
1	Bio-Zitrone, Abrieb

ZUBEREITUNG

Alle Zutaten in einer Schüssel gut vermengen und ca. 30 Minuten ziehen lassen. Mit Salz und Pfeffer abschmecken.

BURGER

AUFLÄUFE

MEIN TIPP:
Ich runde dieses Traditions-
rezept gerne mit reichlich frisch
gezupftem Zitronenthymian ab.

ZUTATEN

FÜR 4 PORTIONEN

250 g	Mehl
1 EL	Öl
3	Eier
100 ml	Mineralwasser
	Salz
	Muskatnuss
150 g	Bergkäse, gerieben
2	Zwiebeln
100 g	Butter
1 Bund	Petersilie
200 ml	Rapsöl

ALLGÄUER KÄSESPÄTZLE
MIT GESCHMOLZENEN ZWIEBELN UND FRITTIERTER PETERSILIE

ZUBEREITUNG

Das Mehl, das Öl und die Eier in eine Schüssel geben und mit einem Handrührgerät verkneten. Dann nach und nach das Mineralwasser hinzufügen.

Etwas Salz und frisch geriebene Muskatnuss dazutun. Die Zutaten mit den Knethaken des Handrührgerätes solange verkneten, bis der Teig Blasen wirft. Anschließend 10 Minuten ruhen lassen. Einen Topf mit Salzwasser zum Kochen bringen, den Teig mittels eines Spätzlehobels oder einer Spätzlepresse in das Salzwasser geben und aufkochen lassen. Anschließend die Nudeln mit einer Schaumkelle aus dem Wasser schöpfen und in eine gebutterte Auflaufform geben, sodass der Boden bedeckt ist. Danach eine Schicht Käse darüber streuen. Im Anschluss wieder eine Schicht Nudeln darübergeben und die Schichten aus Käse und Nudeln solange wiederholen, bis Teig und Käse aufgebraucht sind. Die letzte Schicht sollte aus Bergkäse bestehen. Im Backofen bei 120 °C erwärmen, bis der Käse geschmolzen ist.

Die Zwiebeln in Ringe schneiden und in 100 g Butter bei niedriger Temperatur anschwitzen. Dabei immer wieder umrühren. Anschließend die Petersilienblätter abzupfen und das Rapsöl in einer Pfanne auf ca. 160 °C erhitzen. Die Petersilie in der Pfanne frittieren und anschließend auf Küchenpapier abtropfen lassen. Mit Salz würzen. Zum Servieren die Zwiebeln und die Petersilie als Topping auf den Auflauf geben

ACHTUNG: Da die Petersilie viel Wasser enthält, kann das Fett beim Frittieren spritzen!

GOLDBRAUNER BREZENAUFLAUF

ZUTATEN

2	altbackene Laugenbrezeln
1	Zwiebel
2 EL	Butter
200 ml	Milch
	Salz
	Pfeffer
	Muskat
2 Zweige	frische Petersilie
2	Eier
	Öl für die Formen
	Semmelbrösel
50 g	Emmentaler, gerieben
200 g	junger Spinat
1 EL	Rapsöl
1	Schalotte
200 g	Schmand
1	Bio-Zitrone, Abrieb
	gemahlenes Piment
4	Portionsauflaufförmchen oder eine große Form

ZUBEREITUNG

Die Laugenbrezen in Würfel schneiden und in eine Schüssel geben. Die Zwiebel hacken und in 1 EL Butter glasig dünsten. Mit der Milch aufgießen, aufkochen und anschließend über die Brezenwürfel gießen. Alles gut vermengen. Mit Salz, Pfeffer und Muskat würzen. Die Petersilie fein hacken und untermengen. Die Eier aufschlagen, verquirlen und unter die Masse rühren.

Vier Auflaufförmchen oder eine große Form mit etwas Öl ausreiben und mit Semmelbrösel ausstreuen. Die Brezenmasse zu ⅔ Höhe einfüllen und mit dem Käse bestreuen. Den Backofen auf 180 °C Ober- und Unterhitze vorheizen und die Masse auf der mittleren Schiene ca. 20 Minuten goldbraun backen. Zur Sicherheit mit einem Holzspieß in den Brezenauflauf stechen: Haftet die Masse nicht mehr an dem Holzspieß, ist der Auflauf fertig.

Während der Auflauf im Ofen ist, den Spinat waschen und abtropfen lassen. Eine Pfanne mit Rapsöl erhitzen, die Schalotte hacken, dazugeben und leicht anschwitzen. Den Spinat mit in die Pfanne geben und anbraten. Mit Salz und Muskat würzen und mit 1 EL Butter verfeinern. Für den Gewürzschmand den Becher Schmand mit Salz, Pfeffer, etwas gemahlenem Piment und dem Zitronenabrieb verfeinern und ziehen lassen. Zum Servieren den Spinat und den Schmand zum Auflauf reichen.

FÜR 4 PORTIONEN

BLITZ-BOLO MIT FRITTIERTEM RUCOLA

ZUTATEN

400 g	Penne Rigate
100 g	Parmesan, gerieben
300 g	Rinderhack
2	Karotten
50 g	Sellerie
1	Zwiebel
200 ml	Basissauce Tomatensugo
	Salz
	Pfeffer
	Paprikapulver
	etwas Ingwer, gerieben
2 Bund	Rucola
	Rapsöl

ZUBEREITUNG

Die Nudeln in Salzwasser kochen und im Anschluss mit dem geriebenen Parmesan vermengen. Dann das Rinderhack in einer Pfanne in etwas Öl anbraten. Die Karotten und den Sellerie in feine Würfel schneiden und die Zwiebel hacken. Alles in heißem Wasser blanchieren und mit dem Rinderhack mischen. Die Masse in einen Topf geben, die Tomatensugo (siehe S. 118) zugeben und alles einmal aufkochen lassen. Direkt im Anschluss noch warm unter die Nudelmischung geben und mit etwas Salz, Pfeffer, Paprikapulver und geriebenem Ingwer abschmecken.
Die Masse in eine geölte Auflaufform geben und je nach Gusto noch einmal mit frisch geriebenem Parmesan bestreuen. Dann für 10 Minuten im vorgeheizten Backofen bei 200 °C Umluft ausbacken. 2 Bund gewaschenen Rucola in einem Topf mit reichlich heißem Rapsöl kurz frittieren, mit Küchenpapier abtupfen und leicht gesalzen zum Auflauf reichen.

AUFLÄUFE

WEISSKOHL-SCHUPFNUDEL-AUFLAUF

ZUTATEN

300 g	Weißkohl
½	Gemüsezwiebel
400 g	Schupfnudeln aus dem Kühlregal
200 g	Crème fraîche
100 g	Bergkäse, gerieben
	Salz
	weißer Pfeffer
	Muskat
400 g	Speckstreifen
3	Scheiben Schwarzbrot
1 Bund	frischer Thymian

ZUBEREITUNG

Den Weißkohl in Streifen schneiden und in heißem Wasser blanchieren. Die Gemüsezwiebel in feine Stifte schneiden. Beides in eine Schüssel geben und die Schupfnudeln, die Crème fraîche, den Bergkäse sowie etwas Salz, weißen Pfeffer und Muskat dazutun. Alles gut miteinander vermengen und in eine Auflaufform füllen. Im Ofen bei 185 °C Umluft mindestens 20 Minuten ausbacken. Währenddessen das Topping vorbereiten. Dazu die Speckstreifen braten, das Schwarzbrot zerbröseln und den Thymian zupfen. Ist der Auflauf fertig, die drei Komponenten als Topping darübergeben.

AUFLÄUFE

TOSKANISCHER HÄHNCHENAUFLAUF

ZUTATEN

400 g	entbeinte Hähnchenkeulen
3	Knoblauchzehen
50 ml	Olivenöl
30 ml	Orangensaft
100 g	Mascarpone
	Salz
	weißer Pfeffer
1	Bio-Zitrone, Abrieb und Saft
	Honig
300 g	Kartoffeln
200 g	Penne Rigate
200 ml	Basissauce Tomatensugo
100 ml	Hühnerbrühe
100 g	Parmesan, gerieben

ZUBEREITUNG

Zuerst die Marinade zubereiten. Dazu den Knoblauch hacken und mit dem Olivenöl, dem Orangensaft und der Mascarpone vermengen. Anschließend etwas Salz, weißen Pfeffer, Abrieb und Saft der Zitrone und ein wenig Honig untermischen.

Die Hähnchenkeulen in Streifen schneiden und kurz anbraten. Anschließend mindestens 2 Stunden in der Marinade ziehen lassen.

Währenddessen die Kartoffeln in Würfel schneiden und bissfest kochen. Die Nudeln in einem zweiten Topf ebenfalls kochen. Nachdem das Fleisch durchgezogen ist, aus der Marinade nehmen, mit den Kartoffelwürfeln und Nudeln vermengen und in eine geölte Auflaufform geben. Alles mit der Tomatensugo (siehe S. 118) und der Hühnerbrühe aufgießen und den Parmesan darübergeben. Bei 165 °C Umluft mindestens 20 Minuten ausbacken.

QUINOA-AUFLAUF

ZUTATEN

FÜR 4 PORTIONEN

400 g	Quinoa
250 g	Lauch
2-3	Karotten
150 g	geschrotete Walnüsse
150 g	Emmentalerkäse, gerieben
200 ml	Basissauce Gratin-Rahm

ZUBEREITUNG

Die Quinoa kochen. Den Lauch in feine Ringe schneiden, die Karotten würfeln und beides kurz in heißem Wasser blanchieren. Alles mit den Walnüssen und dem Käse vermengen. Die Basissauce „Gratin-Rahm" (siehe S. 118) dazugeben, alles gut durchmischen und in eine Auflaufform füllen. Im Ofen bei 185 °C Umluft ca. 15 Minuten ausbacken.

MEIN TIPP:
Hierzu passen hervorragend in
Apfelsaft marinierte Rosinen
mit Apfelwürfeln.

GYROS-AUFLAUF

ZUTATEN

300 g	Geschnetzeltes vom Kalb
300 g	Langkornreis
1	große Zwiebel
2	Tomaten
100 ml	Basissauce Tomatensugo
200 g	Schafskäse
	Salz
	Pfeffer
	Majoran
	Zucker
4	Knoblauchzehen
100 g	Gemüsezwiebel
	Zitronenabrieb
	Honig

ZUBEREITUNG

Den Reis kochen, die Tomaten würfeln und die Zwiebel hacken. Anschließend alle drei Zutaten mit der Tomatensugo (siehe S. 118) und 100 g zerbröseltem Schafskäse vermengen. Mit etwas Salz, Pfeffer, Majoran und einer Prise Zucker würzen. Die Masse in eine Auflaufform geben. Den Knoblauch hacken und die Gemüsezwiebel in feine Stifte schneiden. Gemeinsam mit dem Kalbfleisch, etwas Salz, Pfeffer, Zitronenabrieb und Honig in einer Pfanne anbraten. Den Pfanneninhalt über den Reis in die Auflaufform geben und zum Schluss noch einmal 100 g zerbröselten Schafskäse darüberstreuen. Im Ofen bei 185 °C Umluft ca. 15 Minuten ausbacken.

MEIN TIPP:
Hierzu reicht man geriebene Salatgurke mit etwas Minz-Joghurt und Zitronenabrieb.

AUFLÄUFE

TOMATENSUGO

ZUTATEN

2 kg	Tomaten
2	große Gemüsezwiebeln
2	Knoblauchzehen
	Olivenöl
200 ml	Tomatensaft
1 TL	brauner Zucker
	Salz
2 EL	Basilikum, getrocknet oder frisch
2 EL	Oregano, getrocknet oder frisch

ZUBEREITUNG

Die Tomaten und die Zwiebeln würfeln. Den Knoblauch hacken. Alle Zutaten mit etwas Olivenöl in einem großen flachen Topf bei hoher Temperatur ca. 5 Minuten anschwitzen. Den Tomatensaft, den braunen Zucker und etwas Salz zugeben und bei geschlossenem Deckel auf mittlerer Stufe mindestens 2 Stunden einkochen.
Zum Schluss das Basilikum und den Oregano zugeben und noch einmal abschmecken. Die Sauce kann nun, in Flaschen oder Gläser abgefüllt, gut im Kühlschrank gelagert werden.

GRATIN-RAHM

ZUTATEN

300 ml	Sahne
200 ml	Gemüsebrühe
100 ml	Milch
100 g	Parmesan, gerieben
	Salz
	weißer Pfeffer
	Muskat

ZUBEREITUNG

Die Zutaten in einem Topf bei mittlerer Hitze unter Rühren mindestens 15 Minuten einkochen lassen.
Nach dem Abkühlen lässt sich die Sauce sehr gut in einem Weckglas im Kühlschrank lagern.
Ich gebe gerne noch etwas Abrieb von einer Bio-Zitrone unter den Rahm oder je einen Bund gezupfte frische Kräuter (Schnittlauch, Petersilie, Koriander, Sauerampfer oder Thymian), die ich mit dem Rahm fein püriere.

MEIN TIPP:
Dieser Rahm ist ideal, um stärkehaltigem Gratin eine leichte Bindung zu verschaffen ohne Mehl zu verwenden. Darüber hinaus ist er aber auch eine schnelle Basis für unterschiedlichste Abwandlungen, z.B. mit frischen Kräutern, Nüssen, getrockneten Obstwürfeln, etc.

AUFLAUF-BASICS

WAS IST DAS ÜBER- HAUPT?

Seit inzwischen 10 Jahren ist Campus Cooking erfolgreich an Universitäten in ganz Deutschland unterwegs. Sowohl im Sommer- als auch im Wintersemester bringt die Aktion immer wieder wechselnde Gerichte in die Speisesäle der Mensen. Angefangen mit Mensaklassikern wie Currywurst, Suppen oder dem beliebten Schnitzel, hat sich die Aktion über die Jahre hinweg zum Vorreiter für Foodtrends gemausert. Von hochwertigen Burgern und Hot Dogs über Aufläufe bis hin zu Buddha Bowls setzt Campus Cooking immer wieder neue kulinarische Maßstäbe.

Gesicht der Aktion ist, fast seit Beginn, Stefan Wiertz. Bekannt aus TV-Formaten wie „Beef-Battle – Duell am Grill" oder „Grill den Henssler" ist er das Herz und die Seele, aber vor allem das Gesicht und der kreative Kopf hinter den Gerichten. Mit immer wieder neuen, originellen Ansätzen und Zutatenkombinationen zaubert er phänomenale kulinarische Highlights. Dabei finden aktuelle Foodtrends wie Buddha Bowls und Superfoods, immer mit einer individuellen Note versehen, Platz auf den Tellern der Studenten. Alle Gerichte in diesem Buch wurden somit bereits an deutschen Unis gekocht und mit viel Begeisterung gegessen. Dabei arbeitet Campus Cooking stets eng mit den Mensen und Studentenwerken zusammen. Über die Jahre ist somit eine freundschaftliche Bindung zwischen zahlreichen Uniküchen, der Aktion der Telekom und auch Stefan entstanden. Viele Gerichte finden deshalb, auch ohne Campus Cooking, immer wieder den Weg auf den aktuellen Speiseplan der Studenten.

Auch wenn das Motto: „Liebe geht durch den Magen" im Vordergrund steht, umfasst die Aktion nicht nur den kulinarischen Genuss, sondern ist darüber hinaus ein Event zum Zusammenkommen, Erleben und auch Informieren. Dafür sorgen ein immer wieder neu und vor allem liebevoll gestaltetes Setting mit Sitz- und Liegemöglichkeiten und unsere Kickertische, die zum Verweilen einladen. Passend nicht nur zum immer wechselnden Aktionsmotto, sondern auch zum Unternehmensmotto der Deutschen Telekom: Erleben, was verbindet.

STEFAN WIERTZ

„SECHS FRAGEN AN..."

Stefan Wiertz ist Show-, Messe- und TV-Koch, Rezeptentwickler, Foodstylist und Kochbuchautor mit neun Veröffentlichungen.

F: Stefan, wie lange bist du bei Campus Cooking dabei?
A: Seit 21 Semestern bin ich das kulinarische Herz von Campus Cooking.

F: Was ist die besondere Herausforderung bei Campus Cooking?
A: Zu jedem Semester einen neuen Foodtrend für die Mensaküchen zu finden, der umsetzbar und für die Studenten bezahlbar ist.

F: Wie sieht ein Campus-Cooking-Tag für den Genussnomaden Stefan aus?
A: Zwischen 6 und 6:30 Uhr beginnt der Dienst in der Küche. Zusammen mit den Kollegen aus der Mensa müssen nun alle Zutaten zu einem frischen, schmackhaften Menü zusammengestellt und zubereitet werden. Bis 11 Uhr muss alles fertig sein, denn da beginnt die Ausgabe. Im Sommer wird das Aktionsessen vor der Mensa aus einem bereitstehenden Foodtruck ausgegeben.
Tja, und dann heißt es: Ran an den Speck! Innerhalb von circa 2 Stunden müssen im Schnitt 750 Portionen an die wartenden Studenten ausgegeben werden.

F: Wie ist die Resonanz?
A: Die Studenten sind neuen Trends gegenüber generell aufgeschlossen.
Im direkten Austausch an der Ausgabe kommt es zu kreativem Smalltalk oder auch zu Sonderwünschen.

F: Hast du ein Lieblingsgericht im Kochbuch?
A: Süßkartoffelsticks mit kreolischen Hühnchenstreifen!

F: Was darf in keiner Küche fehlen?
A: Ein scharfes Messer, eine große Pfanne, frische Zutaten, tja, und natürlich dieses Kochbuch!

MIT DEN GENÜSSUCHSTEN GRÜSSEN, EUER GENUSSNOMADE STEFAN WIERTZ

WER STECKT HINTER CAMPUS COOKING?

(von links nach rechts):

Stefan Wiertz: (Genussnomade und Gastgeber) Ist seit dem zweiten Aktionswoche-Semester das kulinarische Herz der Campus Cooking Tour! Er ist einem breiten Publikum als Kochbuchautor, TV- und Eventkoch bekannt.

Marcel Neumann: Seit 20 Jahren im Telekom-Konzern tätig und neben vertrieblichen und marketingorientierten Stellen seit 5 Jahren in der Verkaufsförderung und im regionalen Marketing, unter anderem für das Thema Campus Cooking verantwortlich.

Lars Froitzheim: Seit mehr als 10 Jahren in verschieden Marketing-Positionen im Telekom-Konzern tätig. Aktuell im Commercial Management für die Zielgruppe Young und somit auch für das Thema Campus Cooking verantwortlich.

DO IT!, im Bild vertreten durch Project Manager Till Gröppel, ist seit dem Start im Jahr 2008 – als die Idee unter Verantwortung von DO IT!-Geschäftsführer Ercan Aslan aus der Taufe gehoben wurde – mit Konzept und Umsetzung der Aktion Campus Cooking an stets wechselnden Hochschul-Mensen betraut.

Raphaëlle Giordano

FINDE DEIN Glück

DAS KLEINE GLÜCKS-ABC

HEEL

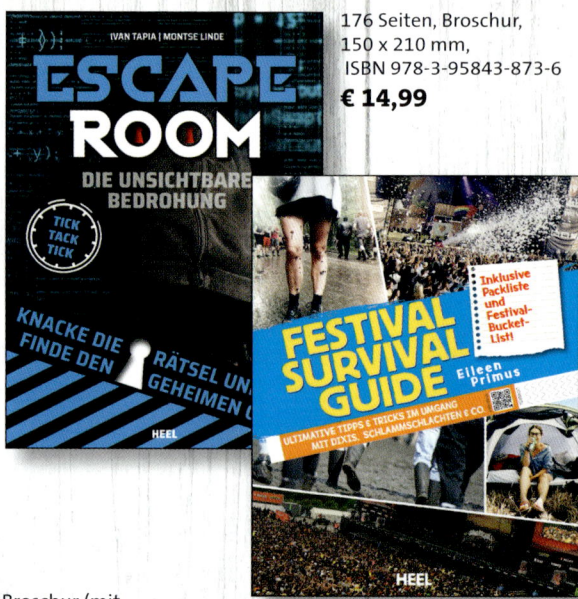

IVAN TAPIA | MONTSE LINDE

ESCAPE ROOM

DIE UNSICHTBARE BEDROHUNG

TICK TACK TICK

KNACKE DIE RÄTSEL UND
FINDE DEN GEHEIMEN ...

HEEL

176 Seiten, Broschur,
150 x 210 mm,
ISBN 978-3-95843-873-6

€ 14,99

Inklusive Packliste und Festival-Bucket-List!

FESTIVAL SURVIVAL GUIDE

Eileen Primus

ULTIMATIVE TIPPS & TRICKS IM UMGANG
MIT DIXIS, SCHLAMMSCHLACHTEN & CO.

144 Seiten, Broschur (mit
Klappen), 155 x 215 mm,
ISBN 978-3-95843-885-9

€ 9,99

120 Seiten, Broschur, 145 x 190 mm,
ISBN 978-3-95843-706-7

€ 12,99

Die BUCKET LIST FÜR PAARE

250 Dinge,
die man ZUSAMMEN
erlebt haben muss

ELISE DE RIJCK

PLAZA

128 Seiten, Broschur, 165 x 210 mm,
ISBN 978-3-95843-712-8

€ 9,99

Carsten Bothe

CAMPING KOCHBUCH

Über 100 leckere Rezepte
für unt...

HEEL

192 Seiten, Broschur,
140 x 210 mm,
ISBN 978-3-95843-048-8

€ 19,99

GUTGLUT E.V.

DAS KLEINE KUGELGRILL BUCH

KOMPAKTWISSEN
& REZEPTE
DER DEUTSCHEN
MEISTER

HEEL

80 Seiten, Broschur, 183 x 225 mm,
ISBN 978-3-95843-890-3

€ 9,99